미로 찾기
MAZE

초판 1쇄 인쇄 | 2020년 09월 05일   초판 1쇄 발행 | 2020년 09월 10일
엮은이 | 윤영화 펴낸곳 | 태을출판사 펴낸이 | 최원준
등록번호 | 제1973.1.10(제4-10호)   주소 | 서울시 중구 동화동 52-107호(동아빌딩 내)
전화 | 02-2237-5577 팩스 | 02-2233-6166   ISBN 978-89-493-0621-6   13740

두뇌를 높여주는 놀이!

미로 찾기

MAZE

태을출판사

contents

미로 찾기

MAZE

부지런한 개미 가족!

개미가 식량 보따리를 가족이 있는 집까지 옮길 수 있도록 길을 도와주세요.

물동이가 무거워요!

마당에서 무거운 물동이를 나는 엄마를 도울 수 있도록 집으로 가는 길을 도와
주세요.

보람찬 하루!

두더지 부부가 일을 끝내고 집으로 돌아가서 쉴 수 있도록 길을 안내해 주세요.

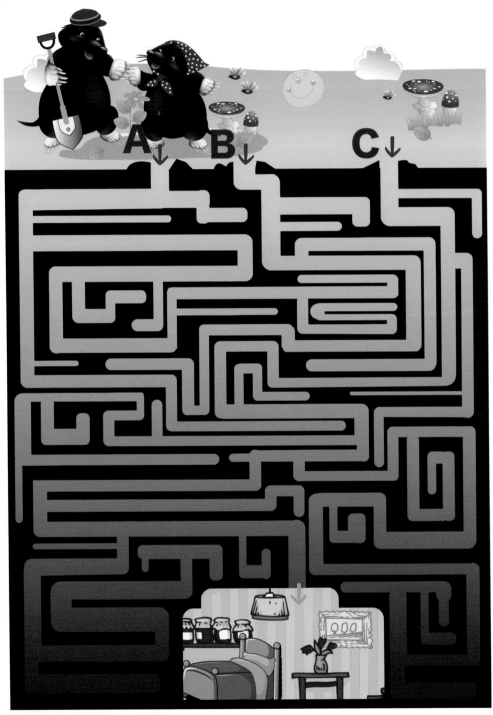

꽃을 든 소녀!

나비가 향기로운 꽃들에게 갈 수 있도록 가는 길을 안내해 주세요.

옷을 깔끔하게?

엄마가 옷을 다릴수 있도록 다리미에 맞는 코드를 찾아 주세요.

숨겨진 보물상자!

사다리와 계단을 이용해서 지하에 숨겨진 보물상자를 찾을 수 있도록 가는 길을 안내해 주세요.

문을 열어 주세요!

문들을 지나 1번 문에서 2번 문으로 나올 수 있는 길을 안내해 주세요.

물을 마시고 싶어요!

사막에서 낙타가 방해물들을 헤치고 오아시스로 가서 물을 마실 수 있게 가는 길을 도와주세요.

산토끼의 얽힌 길!

산토끼가 땅속 굴에 있는 가족에게 갈 수 있도록 길을 안내해 주세요.

12

독수리를 탄 의사 선생님 !

다리 다친 작은 토끼를 치료할 수 있도록 의사 선생님에게 길을 안내해 주세요.

당근 주스는 어디서 나올까요?

토끼가 당근 주스를 마실 수 있도록 맞는 수도꼭지를 찾아 주세요.

공원에서 친구와 놀래요!

친구와 함께 공원에 가서 재미있게 놀 수 있도록 공원 가는 길을 안내해 주세요.

15

빌딩 청소하는 아저씨!

청소 아저씨가 계단과 사다리를 이용해서 1번으로 들어가서 청소를 끝낸 후 2번으로 나오는 길을 도와주세요.

초록초록한 공원!

사람들이 공원에서 나가야 하는 데 중간에 나무와 연못과 벽돌 벽이 있어요. 공원에서 나갈 수 있도록 길을 도와주세요.

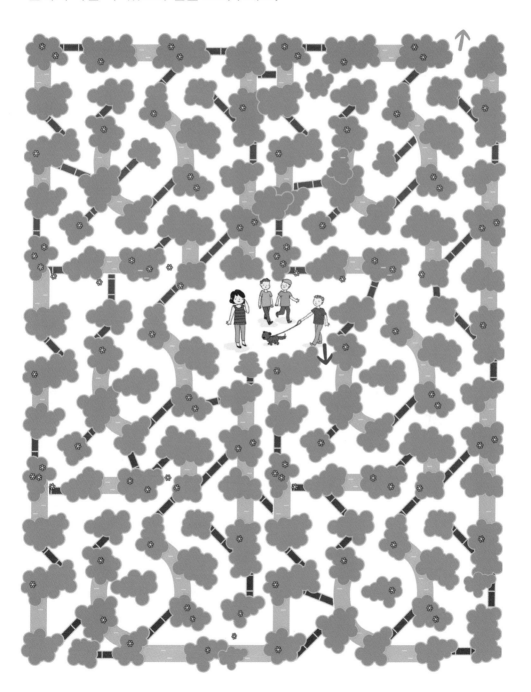

눈썰매를 타요!

눈썰매를 타고 친구들에게 내려 갈 수 있도록 1, 2, 3번 중에서 가는 길을 안내해 주세요.

보물 지도를 펼쳐라!

큰 해적들이 서로 다른 길에서 두 개의 보물 창고를 찾을 수 있도록 가는 길을 안내해 주세요.

보물 찾기 모험 캠핑!

여름 방학에 지도, 배낭, 삽을 들고 보물 찾기 모험 캠핑을 갑니다. 보물을 찾을
수 있도록 길을 안내해 주세요.

주차장을 찾아요!

택시, 소방차, 경찰차, 앰블런스 중 주차장에 주차할 수 있는 차는 어느 차일까요? 선을 연결해 주세요.

보물을 찾았어요!

두 친구가 발견한 보물을 가져올 수 있도록 길을 도와주세요.

두더지의 집!

두더지가 일을 마치고 집에 올 수 있도록 오는 길을 안내해 주세요.

산호초를 헤치고~!

잠수부가 산호초를 지나 보물을 찾을 수 있도록 가는 길을 도와주세요.

공룡의 둥지 !

공룡이 알이 있는 둥지로 갈 수 있도록 가는 길을 도와 주세요.

인어 공주에게!

바다 속에서 인어 공주가 병에 든 편지를 받을 수 있도록 길을 안내해 주세요.

행복한 크리스마스!

산타할아버지가 사슴들과 함께 기도하는 소녀에게 선물을 전달하고 나갈 수있도록 길을 안내해 주세요.

아이스크림이 가득!

아이스크림을 가득 실은 트럭이 가게에 잘 도착할 수 있도록 길을 안내해 주세요.

집으로 가고 싶어요!

쥐가 집으로 돌아 갈 수 있도록 길을 안내해 주세요.

닭다리 요정 오두막!

부엉이와 늙은 마녀가 닭다리 요정 오두막에 갈 수 있도록 길을 안내해 주세요.

행성을 찾아라!

우주선이 우주에서 행성을 찾을 수 있도록 길을 안내해 주세요.

해피 할로윈 데이!

친구가 할로윈 축제에 갈 수 있게 나가는 문을 안내해 주세요. 원으로 된 문만 나갈 수 있어요 .

숨은 그림 찾기
HIDDEN PICTURES

꿈동산 꽃동산!

푸르고 예쁜 꽃이 핀 아름다운 꽃동산에서 갈색곰과 토끼들이 평화롭게 지내고 있어요.
평화로운 꽃동산 그림에서 숨은 그림을 찾아보세요.

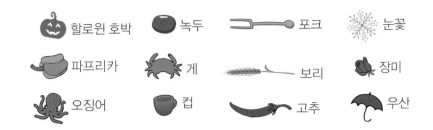

|  | | | |

보물 찾기!

울긋불긋 물든 가을 숲속에서 친구들이 보물 찾기 놀이를 하고 있어요.
보물 찾기 놀이 그림에서 숨은 그림을 찾아보세요.

장갑   칫솔   편지   목도리

아이스크림   부메랑   음표   스푼

활짝 핀 해바라기!

활짝 핀 해바리기 꽃 속에서 친구가 행복하게 잠을 자고 있어요.
해바라기 꽃 속 그림에서 숨은 그림을 찾아보세요.

털모자　　우산　　눈썹　　세잎클로버

콩　　볼펜　　꽃병　　유령

질서를 지켜주세요!

지하철 입구에서 경찰관 아저씨가 통행하는 시민들을 지켜 보고 있어요.
지하철 입구 그림에서 숨은 그림을 찾아보세요.

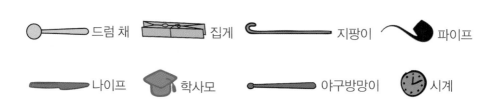

드럼 채 집게 지팡이 파이프

나이프 학사모 야구방망이 시계

금붕어와 놀아요!

친구가 예쁜 금붕어와 대화하며 놀고 있어요.
예쁜 금붕어 그림에서 숨은 그림을 찾아보세요.

삼각자   펜   수염   과자

바나나   호루라기   물고기   물컵

줄넘기를 하며 인라인스케이트를 타요!

친구들과 함께 해안가 공원에서 줄넘기, 인라인스케이트를 타며 놀고 있어요.
해안가 공원에서 노는 친구들의 그림에서 숨은 그림을 찾아보세요.

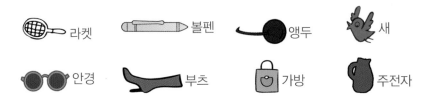

라켓　볼펜　앵두　새

안경　부츠　가방　주전자

친구와 함께 꽃길을 걸어요!

친구와 함께 푸른 나무들을 지나며 꽃을 보며 산책하고 있어요.
친구와 함께 산책하는 그림에서 숨은 그림을 찾아보세요.

양념통　　손전등　　고양이　　집게

참외　　소라　　옷핀　　딸기

멋진 텐트에서~

친구와 함께 멋진 텐트에서 즐거운 얘기를 하며 놀고 있어요.
텐트 그림에서 숨은 그림을 찾아보세요.

귀여운 체스 플레이어!

체스 플레이어가 산책을 하다가 다람쥐와 고슴도치를 만났어요.
산책 하는 체스 플레이어 그림에서 숨은 그림을 찾아보세요.

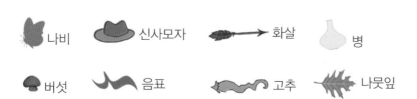

즐거운 기차 여행!

여러 동물들이 배낭을 메고 기차를 타고 있어요. 어디로 여행 가는 걸까요?
기차 타는 그림에서 숨은 그림을 찾아보세요.

수염　　마녀빗자루　　모자　　마늘

당근　　온도계　　새　　도토리

달리기 해요!

두 친구가 공원에서 땀 흘리며 달리기를 하고 있어요.
달리기 하는 그림에서 숨은 그림을 찾아보세요.

개   사과   컵   방망이

새   배   아이스크림   성냥개비

호호~ 킥킥~

두 친구가 정원에서 즐겁게 놀고 있어요. 호호~ 킥킥~
정원에서 노는 그림에서 숨은 그림을 찾아보세요.

 토마토   모자   토끼  반원자

 호루라기  완두콩 구두   생강

야호~ 우승이다!

갈색곰이 쥐들과 함께 자전거 경주를 하고 있어요.
자전거 경주 하는 그림에서 숨은 그림을 찾아보세요.

접시　　국자　　3 숫자 3　　고추
커피　　총　　기름방울　　아이스크림

교통정리하는 경찰관 아저씨!

경찰관 아저씨가 혼잡한 도로에서 시민들과 차들의 통행을 질서 있게 정리하고 있어요.
교통 정리하는 그림에서 숨은 그림을 찾아보세요.

눈금자　　볼펜　　열쇠　　구두

스케이트　　집게　　티셔츠　　하트

친구를 만났어요!

버스정류장에서 친구를 기다리다 만났어요.
버스정류장 그림에서 숨은 그림을 찾아보세요.

물병자리 별자리!

물병자리 별자리가 공원에 나타났어요.
물병자리 그림에서 숨은 그림을 찾아보세요.

 인삼  거북이 토끼  나누기

 꽃병 샌들 세수대야 양말

친구들과 어떤 놀이를 할까요?!

친구들이 공원에 모여서 재미있는 놀이를 하기로 했어요.
공원에 모이는 친구들 그림에서 숨은 그림을 찾아보세요.

쥐들의 즐거운 저녁시간!

쥐들이 부엌에 모여서 춤추고 연주하며 즐거운 시간을 보내고 있어요.
연주 하는 쥐들의 그림에서 숨은 그림을 찾아보세요.

종이배 파이프 젓가락 크레용

심벌 스푼 바늘 초승달

컵 깃털 연 볼링공

무슨 생각을 할까요?

두 친구가 지하철역에서 놀다 오르내리는 사람들을 보며 깊은 생각에 잠겼어요.
지하철역 그림에서 숨은 그림을 찾아보세요.

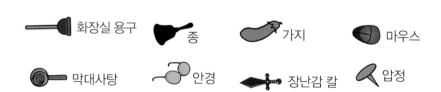

화장실 용구　　　종　　　가지　　　마우스

막대사탕　　　안경　　　장난감 칼　　　압정

펭귄들의 성탄절!

펭귄들이 성탄절을 맞아 선물을 들고 파티하러 가고 있어요.
펭귄들의 성탄절 그림에서 숨은 그림을 찾아보세요.

요리사 모자   리본   토끼   야구방망이

이빨   보석   소라   돋보기

함께 웃는 두 친구!

두 친구가 공부를 끝내고 즐겁게 웃고 있어요.
함께 웃는 친구들 그림에서 숨은 그림을 찾아보세요.

말미잘   나이프   반원자   스테이플러

새   빗   바나나   감

행복한 쥐 부부!

남편 쥐가 아내 쥐에게 꽃다발을 선물하고 있어요.
행복한 쥐 부부 그림에서 숨은 그림을 찾아보세요.

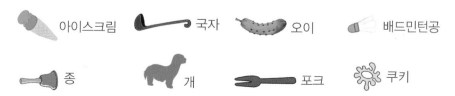

아이스크림   국자   오이   배드민턴공

종   개   포크   쿠키

판타지 놀이!

곰과 토끼가 판타지 놀이를 하며 재미있게 놀고 있어요.
판타지 놀이 그림에서 숨은 그림을 찾아보세요.

깔대   옷걸이   장화   테니스공

확성기   파이프   버섯   조개

귀여운 강아지!

친구가 공원에서 강아지를 업고 산책하고 있어요.
강아지를 업고 산책하는 그림에서 숨은 그림을 찾아보세요.

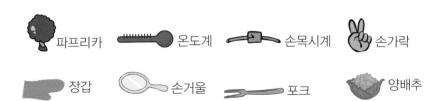

파프리카　온도계　손목시계　손가락

장갑　손거울　포크　양배추

드래곤 탈 놀이!

친구가 머리 위에 드래곤 탈을 쓰고 있어요.
탈 쓰는 그림에서 숨은 그림을 찾아보세요.

토마토　딸랑이　물고기　도넛츠

m초코렛　새　박쥐　입술

멋진 쇼파를 샀어요!

아저씨가 안락한 쇼파를 집으로 운반하고 있어요.
운반하는 쇼파 그림에서 숨은 그림을 찾아보세요.

팽이   낫   접시   톱니나사

입술   못   박쥐   붓

우리 선생님!

학생들이 훌륭한 선생님의 가르침을 배우고 따르고 있어요.
선생님과 학생들 그림에서 숨은 그림을 찾아보세요.

나뭇잎　　슬리퍼　　지우개　　뱀
마늘　　구름　　캥거루　　볼펜

다른 그림 찾기
FIND THE DIFFERENCE

즐거운 사자!

숲속 바위 위에서 사자가 어딘가를 흥미롭게 바라보고 있어요.
두 그림을 잘 보고 다른 부분 **8**곳을 찾아보세요.

왕과 왕비님!

왕과 왕비님이 환하게 웃으며 서 있어요.
두 그림을 잘 보고 다른 부분 **11**곳을 찾아보세요.

기타 치는 꿀벌!

꿀벌 친구들이 꽃 속에서 기타를 치며 즐겁게 놀고 있어요.
두 그림을 잘 보고 다른 부분 8곳을 찾아보세요.

하마와 코끼리!

하마와 코끼리가 귀엽게 롤러 스케이트를 타며 놀고 있어요.
두 그림을 잘 보고 다른 부분 **10**곳을 찾아보세요.

가족을 기다리는 얼룩말!

숲속에 얼룩말이 혼자 있어요. 가족 말들은 어디 있을까요?
두 그림을 잘 보고 다른 부분 **7**곳을 찾아보세요.

아름다운 세 천사!

세 천사들이 크리스마스 축제 나팔을 불고 있어요.
두 그림을 잘 보고 다른 부분 **8**곳을 찾아보세요.

큰 곰 작은 곰!

숲속 강가에서 곰 두 마리가 평화롭게 살고 있어요.
두 그림을 잘 보고 다른 부분 **10**곳을 찾아보세요.

곤충들의 세계!

여러 곤충들이 정원에 모여서 살고 있어요.
두 그림을 잘 보고 다른 부분 **10**곳을 찾아보세요.

놀이터에서 즐겁게~!

곰과 캥거루가 놀이터에서 신나게 놀고 있어요.
두 그림을 잘 보고 다른 부분 8곳을 찾아보세요.

별이 빛나는 밤에!

별과 달이 코끼리와 숲을 밝히고 있어요.
그림을 잘 보고 다른 부분 **9**곳을 찾아보세요.

수탉 가수!

수탉이 마이크를 들고 재미있게 노래를 부르고 있어요.
두 그림을 잘 보고 다른 부분 6곳을 찾아보세요.

가을 비가 내려요!

비가 오고 낙엽이 떨어지는 가을날 예쁜 친구가 우산을 쓰고 산책하고 있어요.
두 그림을 잘 보고 다른 부분 **10**곳을 찾아보세요.

버섯과 개미!

개미들이 버섯 마을에서 한가롭게 산책을 하고 있어요.
두 그림을 잘 보고 다른 부분 **9**곳을 찾아보세요.

처음엔 원숭이?

우리 인간의 진화 과정을 보여주고 있어요.
두 그림을 잘 보고 다른 부분 **9**곳을 찾아보세요.

늑대가 아파요!

빨간 모자 소녀가 늑대를 병문안 와서 위로 하고 있어요.
두 그림을 잘 보고 다른 부분 **9**곳을 찾아보세요.

김이 모락모락~

요리사 아저씨가 맛있는 피자와 스파게티를 만들었어요. 맛이 최고예요.
두 그림을 잘 보고 다른 부분 **7**곳을 찾아보세요.

숲속의 곤충들~

숲속에 곤충 세 마리가 함께 즐거운 대화를 하고 있어요.
두 그림을 잘 보고 다른 부분 6곳을 찾아보세요.

고슴도치와 곤충들!

고슴도치와 여러 곤충들이 새집 위에서 함께 즐겁게 지내고 있어요
두 그림을 잘 보고 다른 부분 7곳을 찾아보세요.

펭귄들의 축제!

펭귄들이 춤추며 즐겁게 축제를 하고 있어요.
두 그림을 잘 보고 다른 부분 **7**곳을 찾아보세요.

고릴라와 파인애플!

고릴라가 파인애플을 들고 맛을 감상하고 있어요.
두 그림을 잘 보고 다른 부분 8곳을 찾아보세요.

83

쫓기는 세 마리 돼지!

돼지 세 마리가 무서운 늑대에게 쫓기고 있어요. 살려주세요~
두 그림을 잘 보고 다른 부분 **11**곳을 찾아보세요.

크리스마스 스웨터!

따뜻한 크리스마스 스웨터들이 걸려 있어요.
두 그림을 잘 보고 다른 부분 **10**곳을 찾아보세요.

토끼와 새!

언덕 위의 놀이터에서 토끼와 새가 대화하고 있어요.
두 그림을 잘 보고 다른 부분 **9**곳을 찾아보세요.

코끼리의 재주!

코끼리가 물놀이를 하면서 재주를 부리고 있어요.
두 그림을 잘 보고 다른 부분 8곳을 찾아보세요.

책 읽는 엄마 고양이!

엄마 고양이가 아기 고양이에게 동화책을 읽어 주고 있어요.
두 그림을 잘 보고 다른 부분 6곳을 찾아보세요.

달팽이의 나라!

숲속 큰 나무 아래에 달팽이가 평화롭게 살고 있어요.
두 그림을 잘 보고 다른 부분 **9**곳을 찾아보세요.

추수하는 동물들!

여러 동물들이 가을에 추수를 하고 있어요.
두 그림을 잘 보고 다른 부분 **8**곳을 찾아보세요.

즐거운 동물들!

평화로운 강가에서 여러 동물들이 재미있게 살고 있어요.
두 그림을 잘 보고 다른 부분 **10**곳을 찾아보세요.

부지런한 개미!

개미 아저씨가 맛있게 잘 익은 사과를 따고 있어요.
두 그림을 잘 보고 다른 부분 7곳을 찾아보세요.

점 잇기와 칼라 퍼즐 재미있는 퀴즈

POINT TEETH AND COLLAR PUZZLES
FUN QUIZ

뿔이 보약이예요!

1번부터 51번까지 점을 이어 보세요. 어떤 동물들일까요?

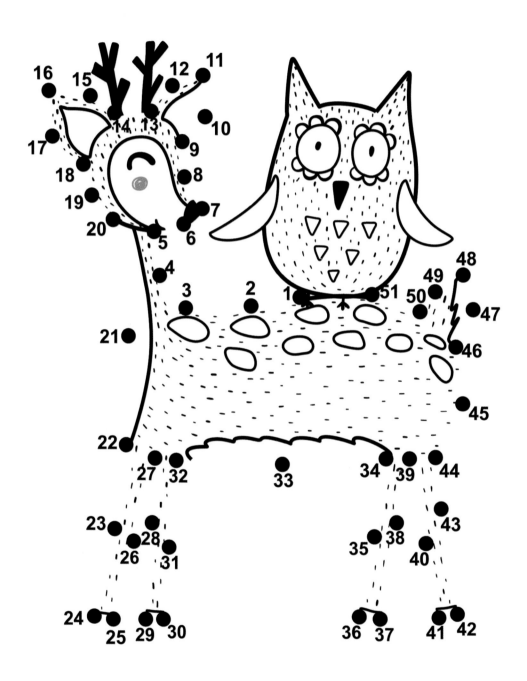

물속에 살아요!

색번호대로 그림을 칠해서 완성해보세요.

밤에만 나와요!

1번부터 38번까지 점을 이어 보세요. 어떤 동물일까요?

쥐와 치즈!

색번호대로 그림을 칠해서 완성해보세요.

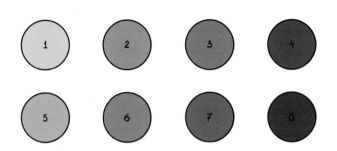

고기를 잡으러 왔어요!

1번부터 70번까지 점을 이어 보세요. 누구일까요?

98

뿔과 털이 긴 야크!

색번호대로 그림을 칠해서 완성해보세요.

동물들의 왕 중 하나!

1번부터 52번까지 점을 이어 보세요. 어떤 동물일까요?

크리스마스 트리!

색번호대로 그림을 칠해서 완성해보세요.

노랑색 원을 채워주세요!

다양한 사람들의 그림 속에서 노랑색 원들에 맞는 번호를 찾아 써 보세요.

___ ___ ___ ___ ___ ___ ___ ___

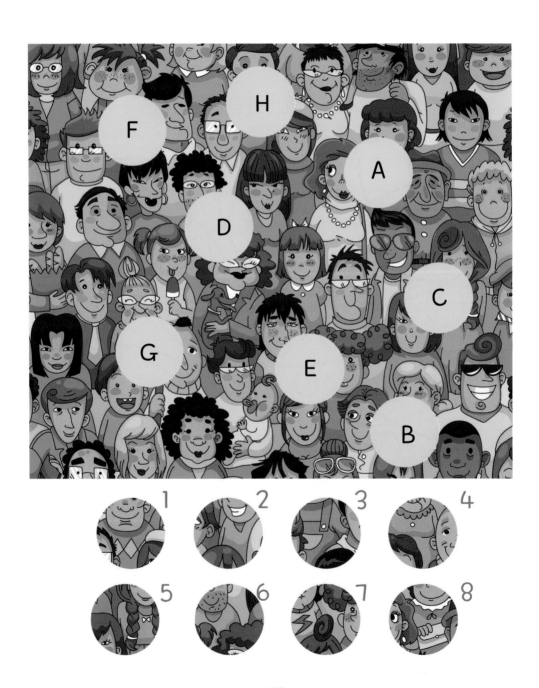

저울의 무게를 맞춰 주세요!

옆 그림에는 아치와 삼각 프리즘(반 큐브) 모양의 빌딩 블록을 실은 저울들이 나열 되어 있어요. 그리고 맨 아래에 1, 2, 3, 5로 표기된 네 개의 검은 무게 덩어리가 있는데 네 개 중에서 물음표에 알맞는 무게의 숫자를 찾아서 써 보세요.

뮤지컬의 주인공은 누굴까요?

극장 무대에서 뮤지컬 배우들이 공연 연습을 하고 있어요. 아래 공연 연습하는 그림에서 하얀 네모 안에 알맞는 조각을 찾아서 맞는 번호를 써 보세요.

예쁜 우산!

예쁜 우산들이 있어요. 1번부터 5번까지 가로줄과 세로줄에 같은 우산이 딱 한번만 나오도록 아래 동그라미 원 안에 맞는 우산의 숫자를 써 보세요.

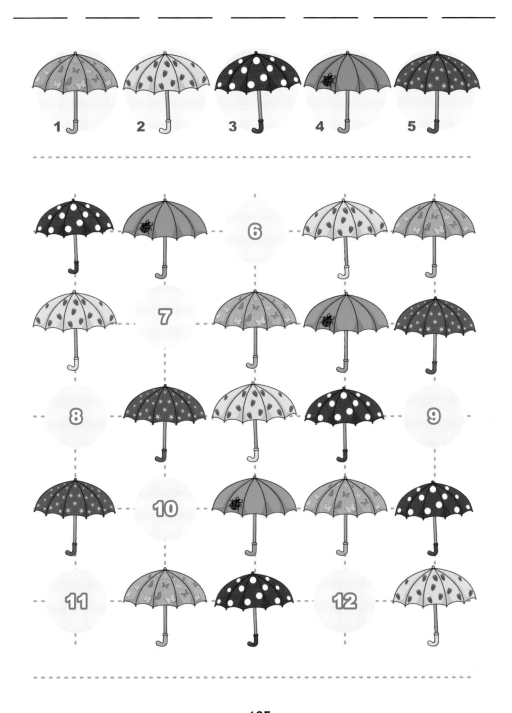

물고기자리와 다른 별자리는?

물고기자리 별자리입니다. 아래 그림에서 물고기자리 별자리와 다른 그림의 별자리가
두 개 있어요. 알맞은 번호를 찾아 써 보세요.

부활절 계란!

부활절 계란들이 있어요. 1번부터 5번까지 가로줄과 세로줄에 같은 계란이 딱 한번만
나오도록 아래 동그라미 원 안에 맞는 계란의 숫자를 써 보세요.

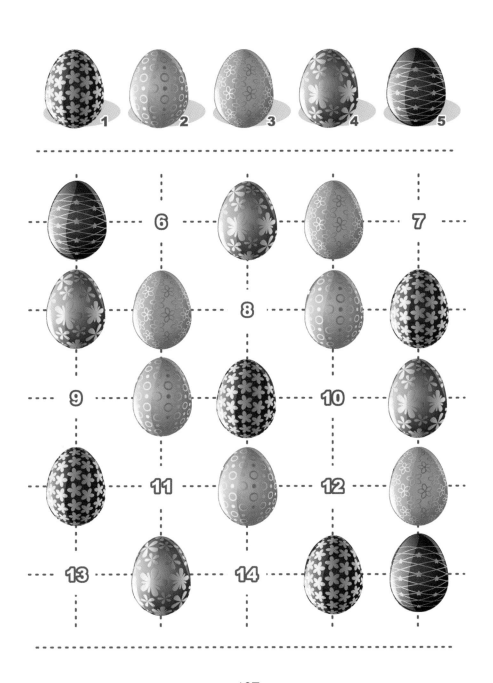

성냥개비 하나를 추가해서 완성해 주세요!

수학 퍼즐 게임입니다. 성냥개비 하나를 추가하면 틀린 방정식을 올바르게 만들 수 있는 방정식이 하나 있습니다. 성냥개비를 추가하서 올바르게 써 보세요.

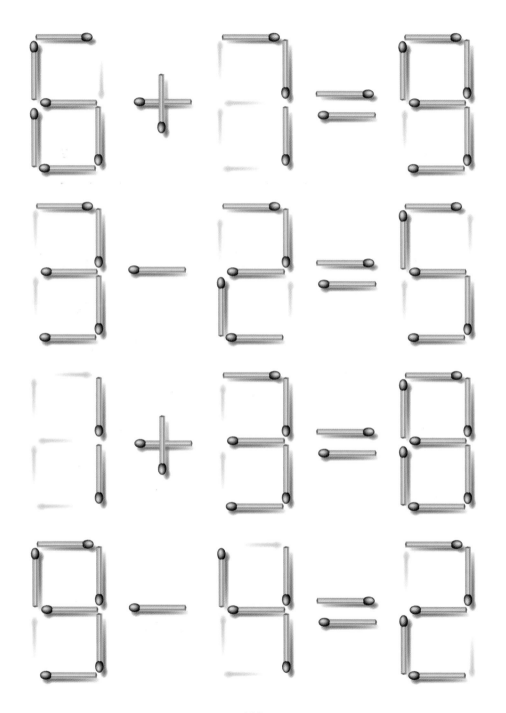

화려한 블록 타워!

다양한 장난감 타워들이 아래에 나열되어 있어요. 여기서 쌍둥이 빌딩 타워가 두 개 있는데 서로 같은 것을 찾아 번호를 써 보세요.

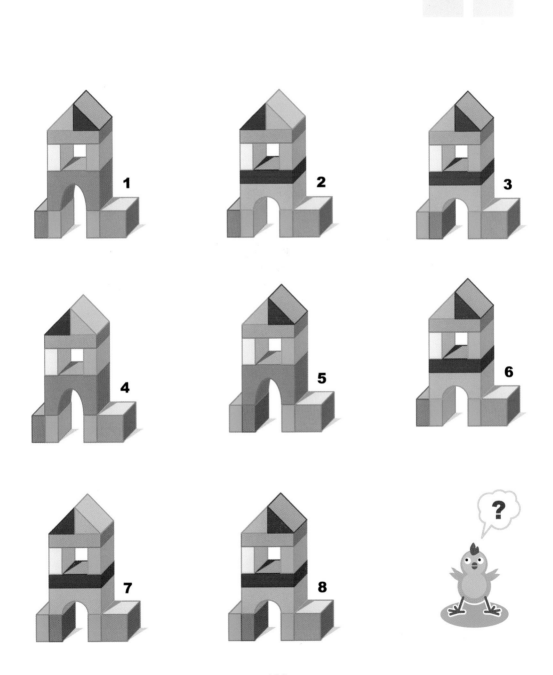

우린 달라요!

예쁜 친구가 꽃을 들고 방긋 웃으며 학교에 가고 있어요.
학교 가는 친구와 다른 그림의 친구가 두 사람이 있습니다. 번호를 찾아 써 보세요.

110

옆의 그림은 스케이트를 타는 눈사람 그림입니다. 스케이트 타는 눈사람 중 서로 같은 쌍둥이가 두 개 있어요.
같은 눈사람을 찾아서 번호를 써 보세요.

111

정답
ANSWERS

미로 찾기 MAZE

4p

5p

6p

7p

8p

9p

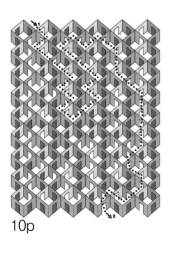

10p

11p

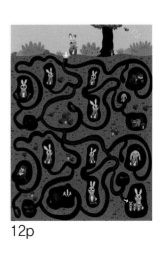

12p

13p

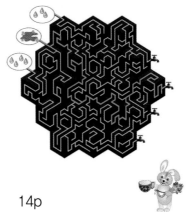

14p

15p

16p

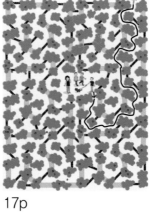

17p

18p

19p

20p

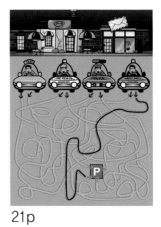

21p

22p

23p

24p

25p

26p

27p

28p

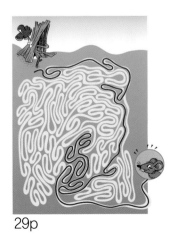

29p

30p

31p

32p

숨은 그림 찾기 | HIDDEN PICTURES

34~35p

36p

37p

38p

39p

40p

41p

42p

43p

44p

45p

46p

47p

48p

49p

50p

51p

52~53p

54p

55p

56p

57p

58p

59p

60p

61p

62p

다른 그림 찾기| FIND THE DIFFERENCE

64p

65p

119

66p

67p

68p

69p

70p

71p

72p

73p

74p

75p

76p

77p

78p

79p

80p

81p

82p

83p

84p

85p

86p

87p

88p

89p

90p

91p

92p

점 잇기와 칼라 퍼즐 재미있는 퀴즈
POINT TEETH AND COLLAR PUZZLES FUN QUIZ

102. A−8, B−2, C−5, D−6, E−7, F−3, G−4, H−1
103. 5
104. 2
105. 6−5, 7−3, 8−1, 9−4, 10−2, 11−4, 12−5
106. 3, 6
107. 6−1, 7−2, 8−5, 9−3, 10−5, 11−5, 12−4, 13−2, 14−3
108. 3 ⊕ 2 = 5
109. 3, 8
110. 2, 5
111. 6, 7